이병규 교수의 어휘 학습 편

또바기와 모도리의
야무진 어휘

예비 1학년

머리말

저자 소개

저자 이병규
현 서울교육대학교 국어교육과 교수
문화체육관광부 국어정책과 학예연구관
문화체육관광부 국립국어원 학예연구사
서울교육대학교 국어교육과 졸업
연세대학교 대학원 문학석사, 문학박사
2009 개정, 2007 개정 국어과 교육과정 심의 위원
2015 개정 교육과정 심의회 국어 소위원회 부위원장
2009 개정 국어과 초등학교 국어교과서 기획 집필 위원
초등 교사 임용 시험, 공무원 채용 시험 출제 위원 등 역임

『연세초등국어사전』(2002, 집필)
『외국인을 위한 한국어 문법 1, 2』(2005, 공저)
『한국어 술어명사문 문법』(2009 문화체육관광부 우수학술도서)
『꼬꼬마 한글이(전 80종)』(2013, 감수)
『초등 어휘 3000』, 『초등 어휘 5000』(2014, 감수)
『개념 있는 국어 문법』(2013/2018 개정판, 공저)
『초등 국어과 교수 학습의 원리와 적용』(2018, 공저)
『국어 문법 교육론』(2019), 『한국어 표준 문법』(2018, 공저)
『초등학생을 위한 표준 한국어(전 11권)』(2019, 대표 저자)
『또바기와 모도리의 야무진 한글(7~10세)』(2019, 대표 저자)
『또바기와 모도리의 야무진 한글(만 4세 이상)』(2020, 대표 저자)
『또바기와 모도리의 야무진 수학』(2021, 감수)
『디지털 국어 교과서 탐색』(2022, 공저) 등 다수

저자 신윤정
현 세종도담초등학교 교사
서울교육대학교 컴퓨터교육과 졸업
서울교육대학교 교육대학원 초등다문화교육전공 석사
초등학생을 위한 표준한국어(2019, 공저)
초등교육용 어휘 목록 개발 연구(2022, 2023) 참여

저자 김정은
현 서울가원초등학교 교사
서울교육대학교 국어교육과 졸업
서울교육대학교 교육대학원 초등국어교육전공 박사 수료
서울교육대학교 초등국어교육연구소 전문연구원
초등학생을 위한 표준한국어(2019, 공저)

"'견문'이 뭐예요? 가르쳐 주세요."

수업 시간에 학생들이 낱말의 뜻을 묻는 질문을 종종 합니다. 스마트 기기의 발달과 함께 청소년들의 어휘력 저하와 문해력 부족은 국내외 할 것 없이 심각한 사회적 문제로 대두되었습니다. 어휘력과 문해력은 떼려야 뗄 수 없는 관계입니다. 글을 읽고 잘 이해하기 위해서는 어휘력이 중요하다는 것은 더 강조할 필요가 없을 것입니다. 이뿐만이 아니라 어휘력이 풍부한 학생들은 말하고자 하는 내용을 정확하게 전달하며 원활하게 의사소통을 합니다. 또 수업 내용을 잘 이해하고 긴 호흡의 글을 잘 읽을 수 있습니다. 이처럼 어휘력의 중요성은 너무나 잘 알고 있지만, 학교 공부를 하는 데 어떤 어휘들이 필요한지 아는 사람은 많지 않습니다. 단순 반복 연습이 아니라 체계적이고 흥미를 높일 수 있는 어휘 학습법은 어떠해야 하는지 아는 사람도 많지 않습니다.

『또바기와 모도리의 야무진 어휘(또모야-어휘)』는 초등학교에서 공부하는 데 필요한 어휘를, 학습자의 발달 단계와 흥미를 고려하여 재미있게 학습할 수 있도록 만들었습니다. 7차 교육과정에 따른 교과서부터 현행 초등 교과서의 어휘와 3종의 초등 국어사전을 교차 검토하여 초등학교 공부를 하는 데 도움을 줄 수 있는 어휘를 추출하였습니다. 이 어휘들을 교과 학습과 관련된 주제 중심으로 묶어 다양하고 재미있는 활동을 하면서 익힐 수 있도록 교재를 구성하였습니다. 어휘의 뜻과 쓰임을 배우는 것에서 나아가 상하위어, 유의어, 반의어, 동형어 등 어휘 의미 관계에 따라 학습하며 어휘를 확장해 나가도록 활동을 구성하였습니다. 이 책을 활용하여 재미있게 구성된 다양한 어휘 익히기 활동을 하다 보면 어느새 주제를 중심으로 여러 어휘의 뜻과 용법을 익히고 사용할 수 있게 될 것입니다.

『또모야-어휘』는 '3단계-14대단원-56소단원'으로 구성하여 취학 전 아동을 위한 교재인 1단계, 초등학교 저학년 학생(1~2학년)을 위한 2단계, 초등학교 중, 고학년(3~6학년)을 위한 3단계가 있습니다. 3단계의 경우 앞선 1~3단원은 초등학교 중학년 수준, 뒤의 4~6단원은 초등학교 고학년 수준의 어휘와 학습 주제를 다루고 있습니다. 각 대단원은 현행 주요 교과 교육과정과 교과서를 바탕으로 각 학년군에서 학습하게 되는 주제를 중심으로 어휘 학습 활동을 구성하였습니다. 대단원은 '대단원 도입 삽화-3개의 소단원-대단원 정리-1개의 어휘 개념 혹은 교과 학습 특화 소단원'으로 전개됩니다. 또 각 소단원은 1~2단계의 경우 '도입 만화-어려운 어휘-개념별 어휘 확장-확인하기-재미가 솔솔'로, 3단계의 경우 '도입 만화-어려운 어휘-개념별 어휘 확장-재미가 솔솔'로 심화하였습니다. 주제를 중심으로 구성된 어휘를 도입 만화, 붙임 딱지 붙이기, 낱말 퍼즐 맞추기, 어휘와 관련된 노래 부르기, 다섯 고개, 미로 찾기 등 발달 단계와 흥미를 고려한 활동을 통하여 보다 쉽고 즐겁게 익혀 초등학교 교과 학습에 필요한 어휘력을 기를 수 있습니다.

'어휘'는 일상생활과 교과 학습에서 소통과 의미 구성에 가장 기초가 됩니다. 어휘력이 탄탄하게 뒷받침되어야 수준 높은 독해력과 사고력, 표현력을 기를 수 있습니다. 유아, 초등학교 저학년 단계부터 우리말의 뜻과 바른 쓰임, 어휘 개념을 쉽고 재미있게 익힌다면 이후 학교 생활과 학습, 나아가 문해력과 국어적 사고력을 함양하는 데 도움이 될 것입니다. 『또모야-어휘』로 기초적인 어휘력을 함양하며, 어휘 사용의 묘미를 느낄 수 있기를 바랍니다.

대표 저자
이병규

이렇게 활용해요

'대단원 도입과 소단원별 도입 만화-학습 활동-확인-정리'로 구성되어 있습니다.

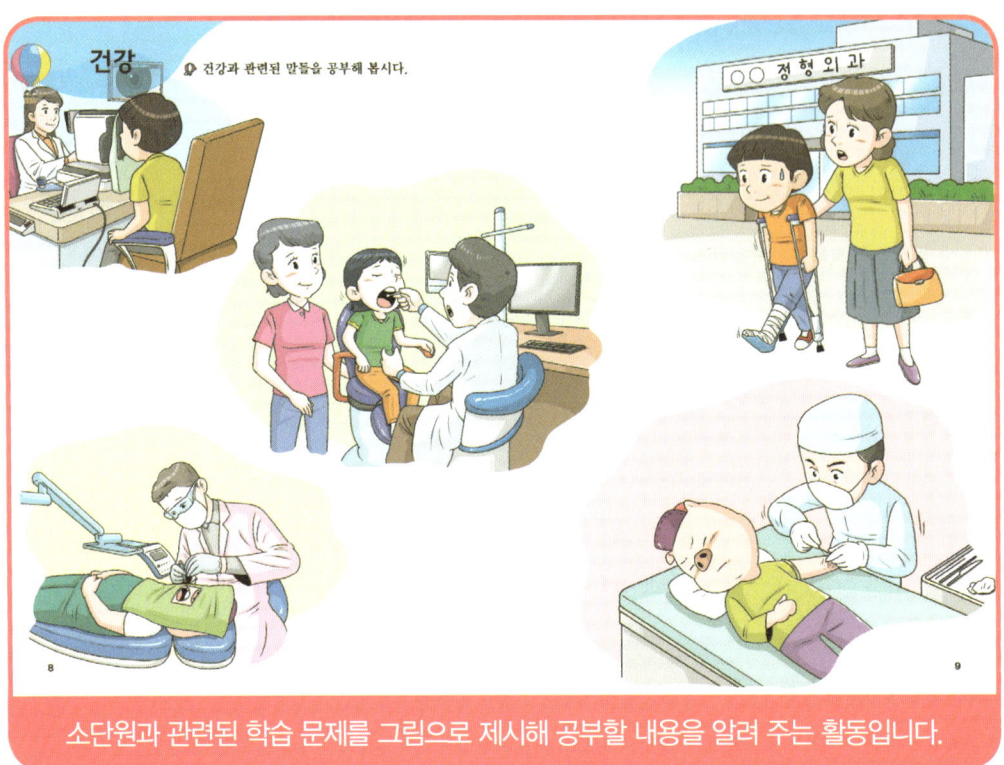

소단원과 관련된 학습 문제를 그림으로 제시해 공부할 내용을 알려 주는 활동입니다.

실생활에서 어휘가 사용되는 모습을 만화로 살펴볼 수 있습니다.

기본 어휘보다 어려운 용어를 다뤄 주제를 넓게 탐색할 수 있습니다.

해당 학년에서 알아야 할 어휘를 체계적으로 이해할 수 있는 확장된 개념 학습입니다.

다양한 활동을 통해 소단원에서 학습한 내용을 복습하고 적용해 어휘 능력을 다집니다.

미로 찾기, 노래, 문제 풀이 등 다양하고 재미있는 활동으로 어휘 학습을 마무리합니다.

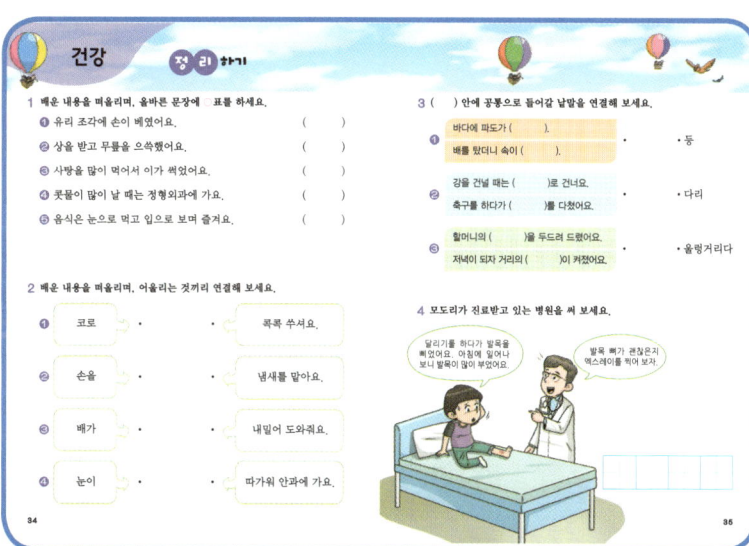

문제를 풀고 배운 어휘를 적용해 보며 어휘 학습을 확장합니다.

등장인물

이 책의 차례

건강

머리	'머리' 관련 낱말 알기	10
	낱말 만들기	12
	새로운 낱말 만들기	13
	같은 모습, 다른 뜻 알기	14
	표현 알기	15
	확인하기	16
	재미가 솔솔	17

몸	'몸' 관련 낱말 알기	18
	낱말 만들기	20
	새로운 낱말 만들기	21
	같은 모습, 다른 뜻 알기	22
	표현 알기	23
	확인하기	24
	재미가 솔솔	25

병원	'병원' 관련 낱말 알기	26
	새로운 낱말 알기	28
	표현 알기	29
	한자의 뜻 알기	30
	한 낱말, 여러 가지 뜻 알기	31
	확인하기	32
	재미가 솔솔	33

정리하기	34
재미있는 우리말	36

여러 가지 모양, 색, 맛

모양	'모양' 관련 낱말 알기	42
	낱말 만들기	44
	모양을 나타내는 낱말 알기	45
	표현 알기	46
	모양을 흉내 내는 낱말 알기	47
	확인하기	48
	재미가 솔솔	49

색깔	'색깔' 관련 낱말 알기	50
	새로운 낱말 만들기	52
	뜻이 비슷한 낱말	53
	한자의 뜻 알기	54
	표현 알기	55
	확인하기	56
	재미가 솔솔	57

맛	'맛' 관련 낱말 알기	58
	뜻이 반대인 낱말 알기	60
	뜻이 비슷한 낱말 알기	61
	표현 알기	62
	같은 모습, 다른 뜻 알기	63
	확인하기	64
	재미가 솔솔	65

정리하기	66
재미있는 우리말	68

🎈 또바기와 모도리의 야무진 어휘 정답 길잡이 ·················· 73
🎈 붙임딱지

건강

 건강과 관련된 말들을 공부해 봅시다.

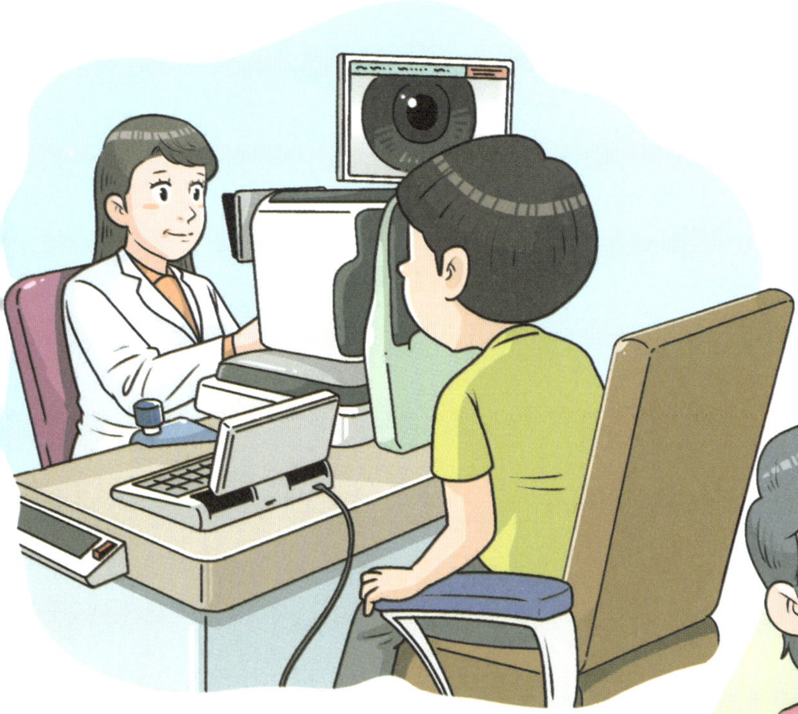

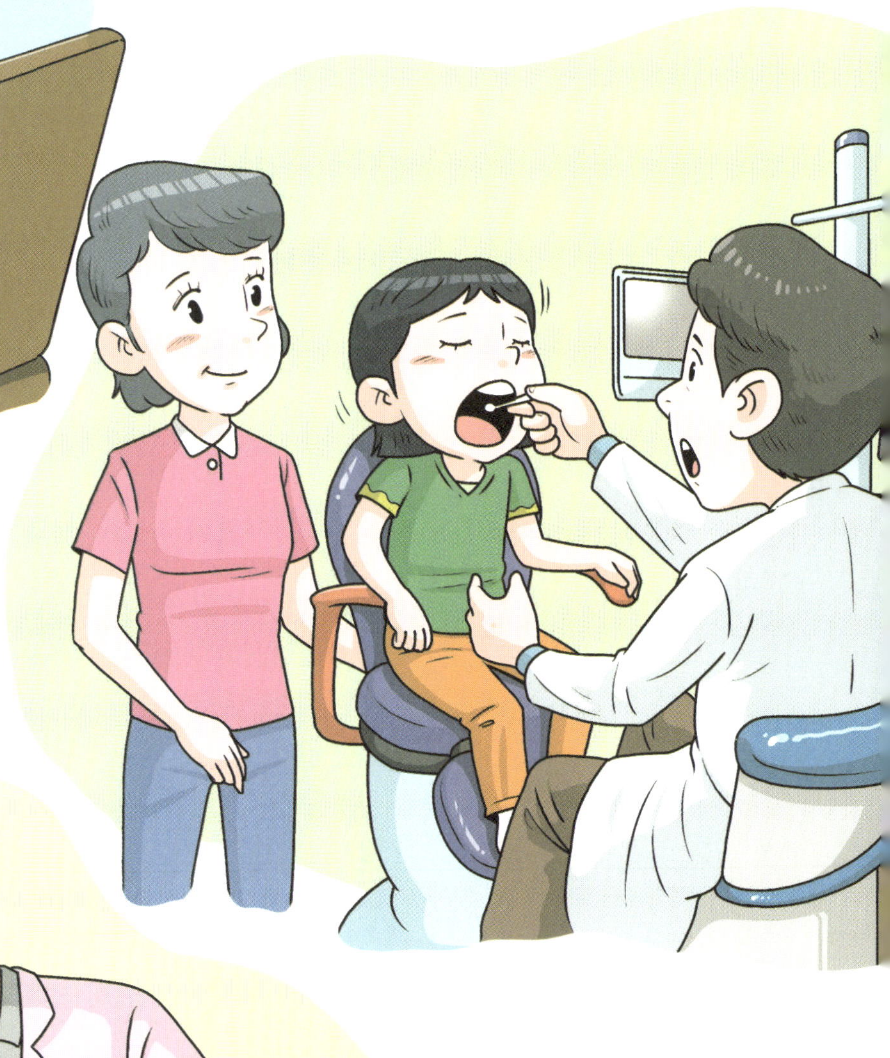

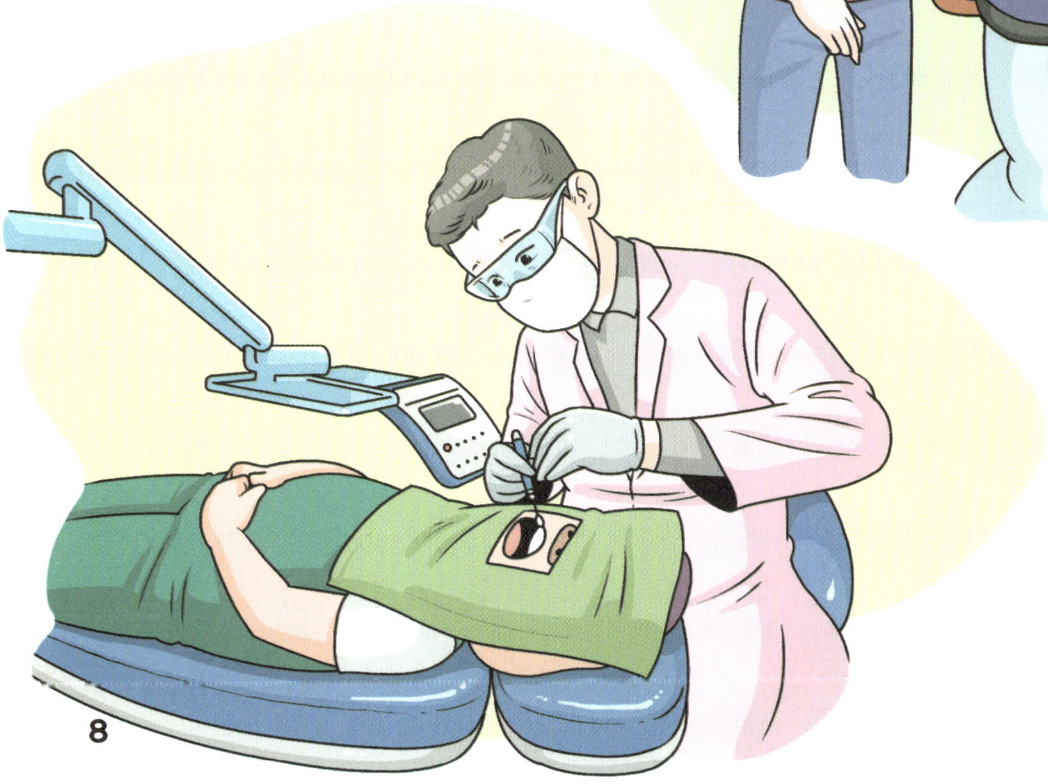

건강

머리

🌱 만화를 읽고, 물음에 답해 보세요.

① 정수리는 어디일까요?

② 부모님과 함께 '코코코 놀이'를 해 보세요.

🌱 그림에 맞는 붙임딱지를 붙여 보세요. 붙임딱지 ① 활용

11

건강

머리

낱말 만들기

그림에 맞는 낱말을 찾아 색칠하고, 빈칸에 써 보세요.

술 잠
입 이

썹 볼
가 눈

수 목 리
정 턱

리 카 락
장 머

 건강

머리

새로운 낱말 만들기

새로운 낱말을 어떻게 만들었는지 보기와 같이 써 보세요.

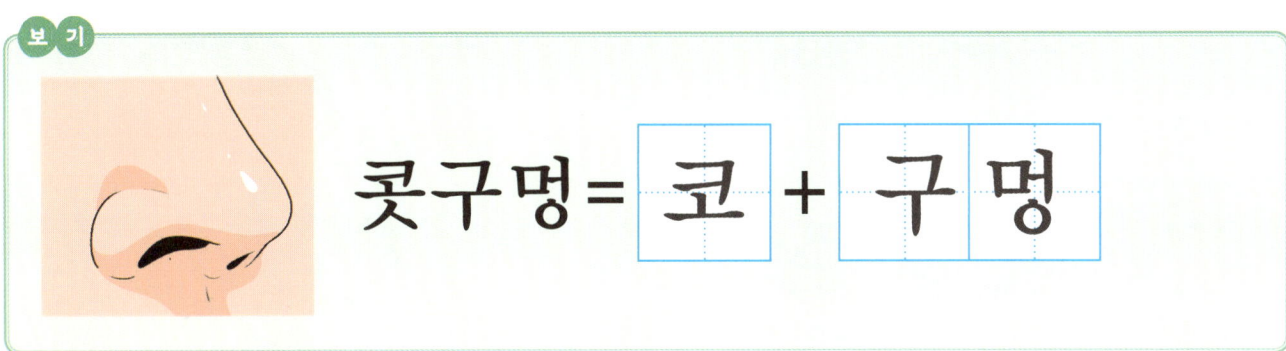

보기

콧구멍 = 코 + 구멍

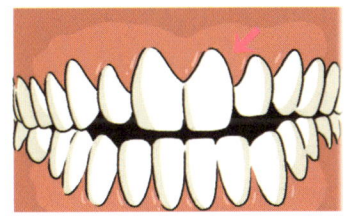

잇몸 = ☐ + ☐

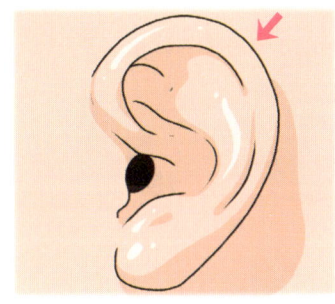

귓바퀴 = ☐ + ☐☐

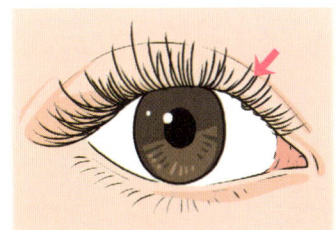

속눈썹 = ☐ + ☐☐

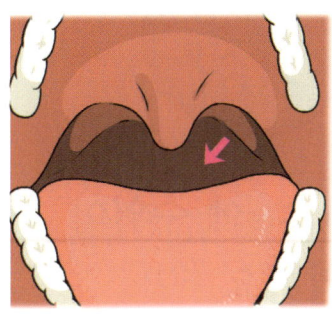

목구멍 = ☐ + ☐☐

건강

머리

같은 모습, 다른 뜻 알기

🌼 두 쪽에 함께 들어갈 낱말을 쓰세요.

하늘에서 ☐이 내려요.

☐에 먼지가 들어갔어요.

☐가 벌써 두 개 빠졌어요.

나는 ☐번 버스에 타요.

여기에 ☐이 있어서 걸려 넘어졌어요.

할아버지 ☐에 수염이 많아요.

건강

머리

표현 알기

🌸 빈칸에 알맞은 낱말을 보기에서 찾아 써 보세요.

보기
보다   듣다   맡다   먹다

 눈으로 사진을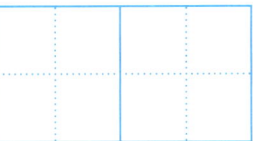

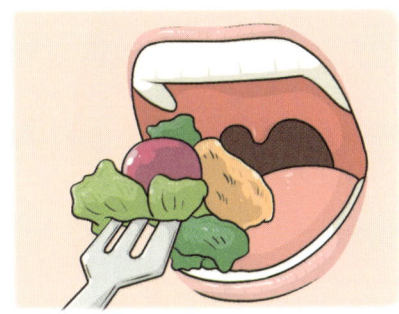 입으로 음식을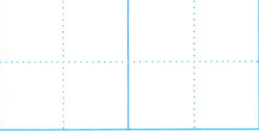

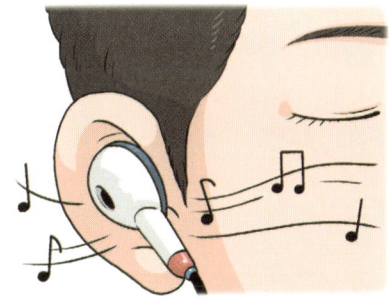 귀로 음악을

 코로 냄새를

건강

머리 확 인 하기

🌳 내 얼굴을 그린 뒤, 배운 낱말을 빈칸에 쓰고 얼굴의 어디인지 선으로 연결해 보세요.

16

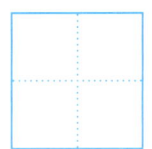 건강

머리 재미가 솔솔

🔺 빈칸에 알맞은 낱말을 써 속담을 만들어 보세요.

☐ 가리고 아웅

뻔한 거짓말로 다른 사람을 속이려고 할 때 쓰는 말이에요.

☐ 없으면 ☐☐ 으로 산다

필요한 것이 없으면 그것과 비슷한 것을 대신 사용할 수 있다는 뜻이에요.

건강

몸

🌱 만화를 읽고, 물음에 답해 보세요.

❶ 새로미가 잡은 부분은 어디인가요?

❷ 모도리가 잡은 부분은 어디인가요?

🌱 그림에 맞는 붙임딱지를 붙여 보세요. 　붙임딱지 ❶ 활용

19

건강

몸

낱말 만들기

🌼 그림에 맞는 낱말을 찾아 색칠하고, 빈칸에 써 보세요.

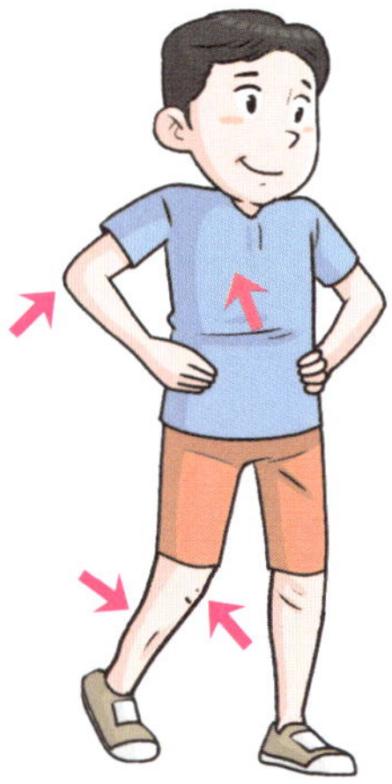

고 름
무 리

슴 깨
배 가

팔 바 꿈
치 도

리 머 종
아 지

건강

몸

새로운 낱말 만들기

🌼 손과 발에서 짝꿍이 되는 부분을 찾아 써 보세요.

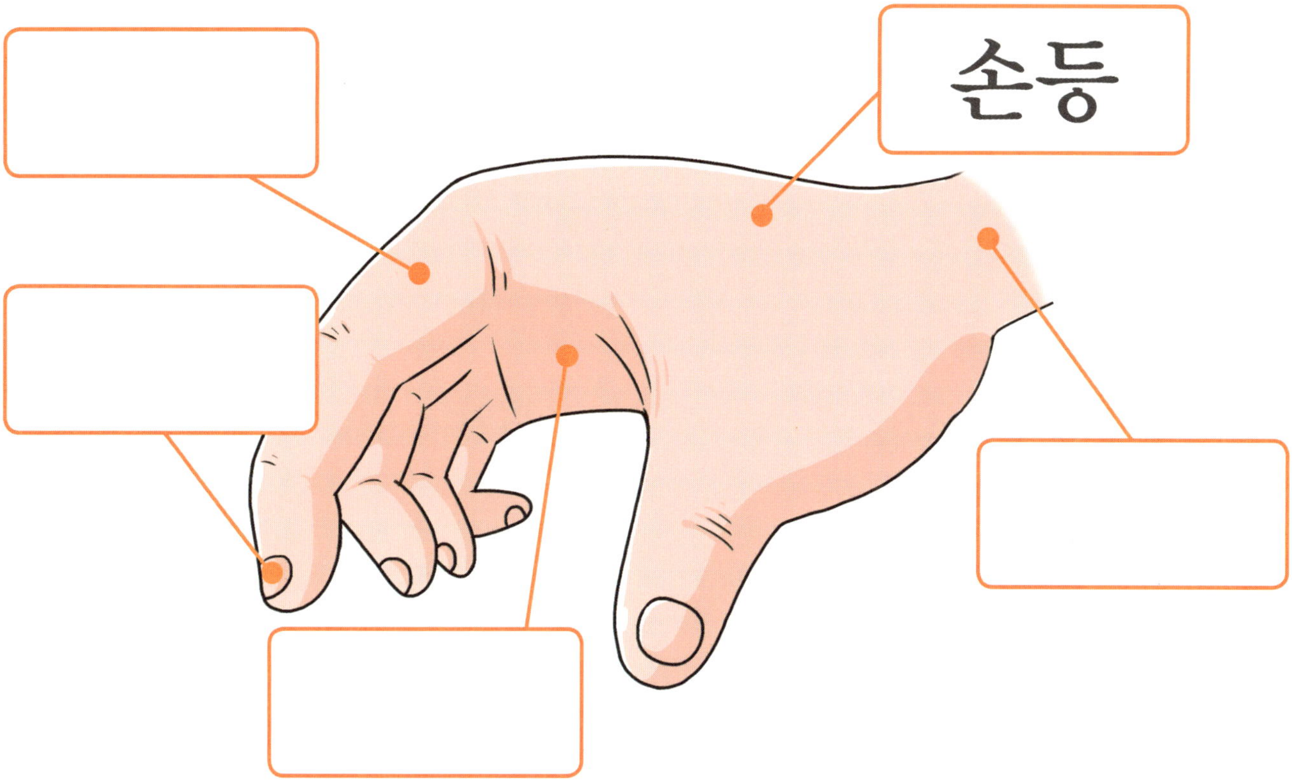

손등

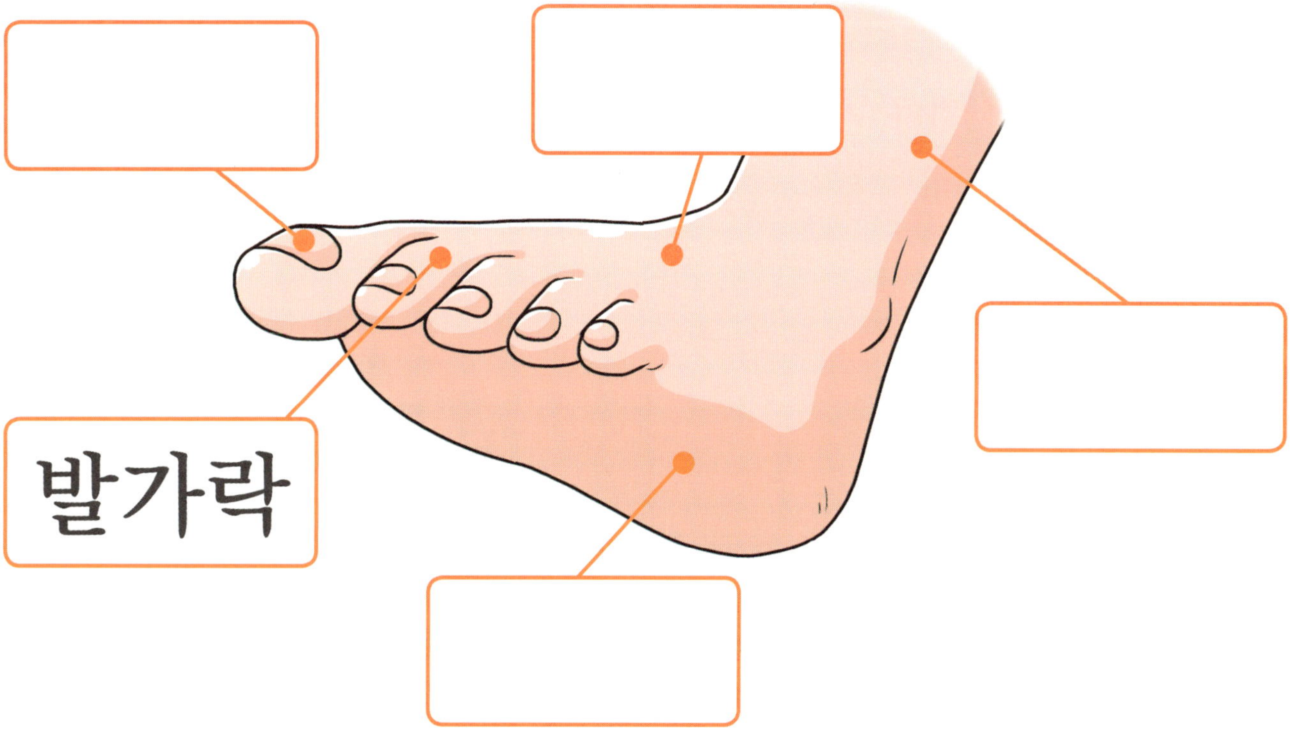

발가락

건강

몸

같은 모습, 다른 뜻 알기

🌼 두 쪽에 함께 들어갈 낱말을 쓰세요.

내 ☐이 더 길지?   벌이 ☐자 모양으로 날아요.

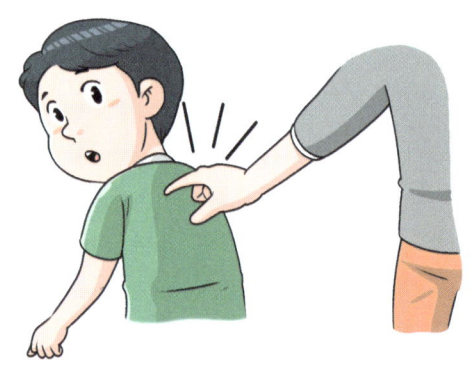
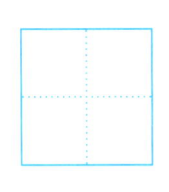

☐을 툭툭 치다.   어두워서 ☐을 켰어요.

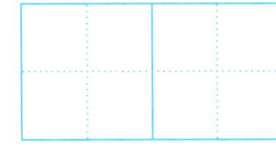

☐☐가 아프면 쉬었다 가자.   강에 ☐☐가 새로 생겼어요.

건강

몸

표현 알기

🌷 빈칸에 알맞은 낱말을 보기에서 찾아 써 보세요.

보기
꿇다   내밀다   으쓱하다   지다

무릎을 ☐☐

손을 ☐☐☐

어깨를 ☐☐☐☐

등을 ☐☐

건강

몸 확인하기

🌳 빈칸에 알맞은 낱말을 써 보세요.

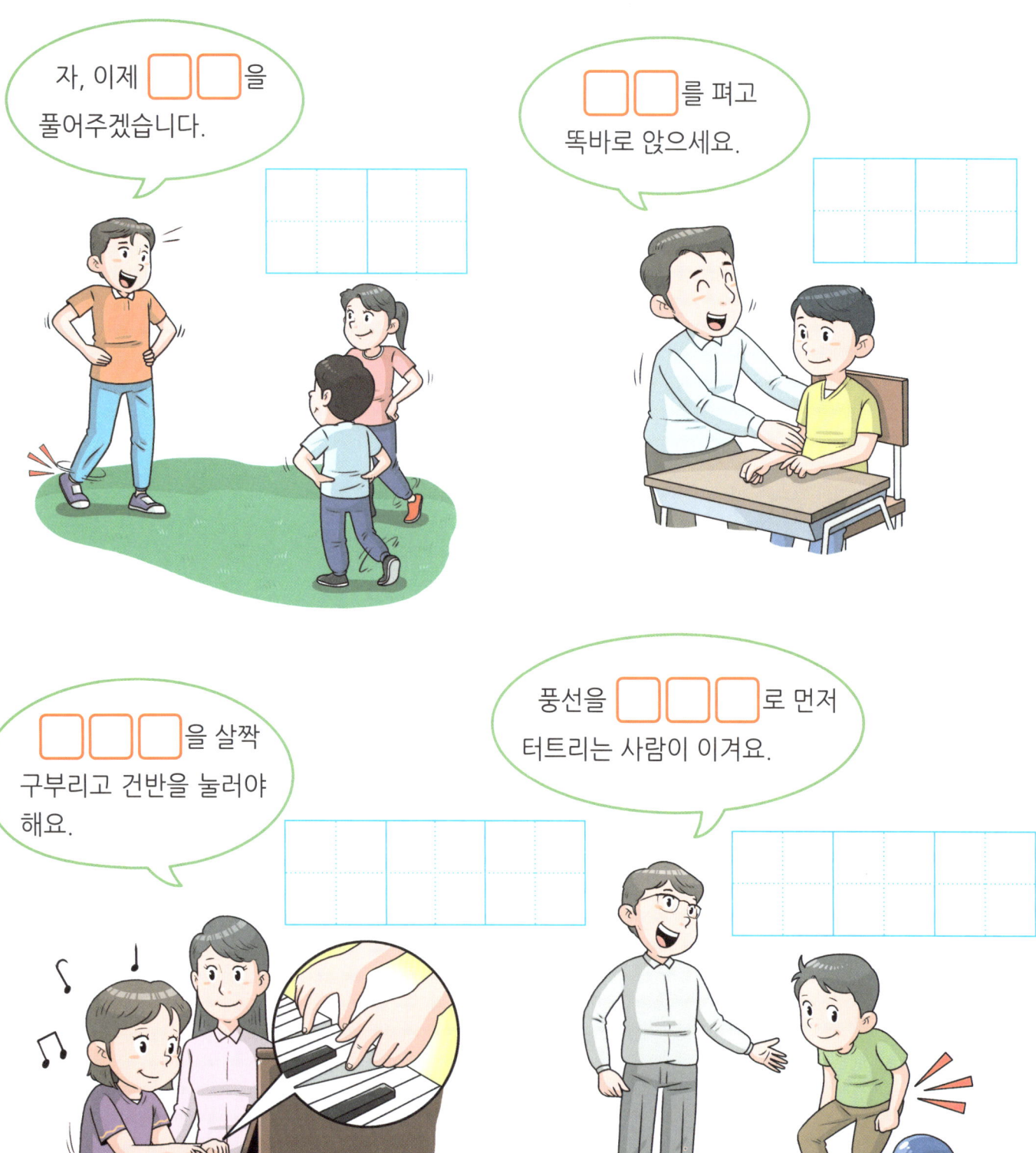

건강

몸  재미가 솔솔

🔺 노랫말을 바꾸어 쓰고, 불러 보세요.

머리 어깨 무릎 발

머리 어깨 무릎 발 무릎 발

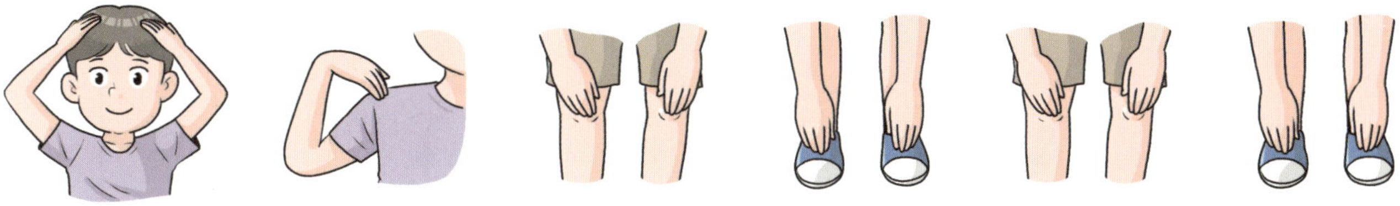

머리 어깨 무릎 발 무릎 발 무릎

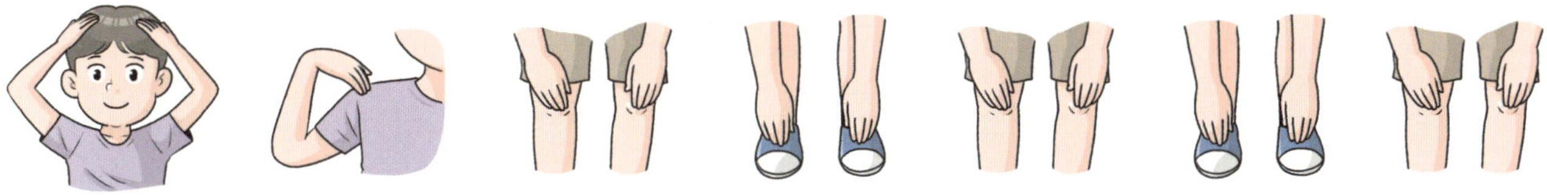

머리 어깨 발 무릎 발

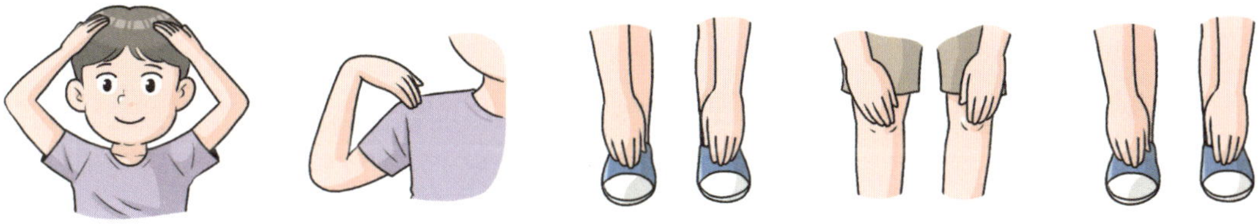

머리 어깨 무릎 귀 코 귀

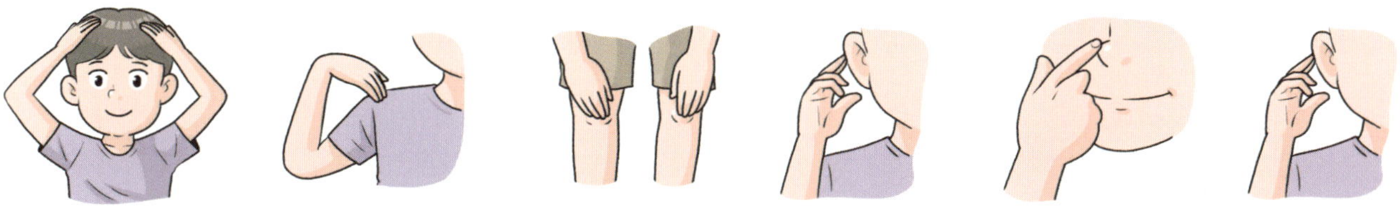

25

건강

병원

🌱 만화를 읽고, 물음에 답해 보세요.

> 새로미야, 눈이 왜 그래? 아프지 않아?
>
> 응. 좀 따가워.
>
> 병원에 가봐야 겠는데?
>
> 나도 오늘 치과 가야 하니까 같이 가자!
>
> 아니야, 새로미는 눈이 아프니까 안과에 가야 해.
>
> 안과?

① 또바기는 오늘 어떤 병원에 가나요?

② 또바기와 새로미는 왜 다른 병원에 가야 하나요?

🌱 그림에 맞는 붙임딱지를 붙여 보세요. 붙임딱지 ❶ 활용

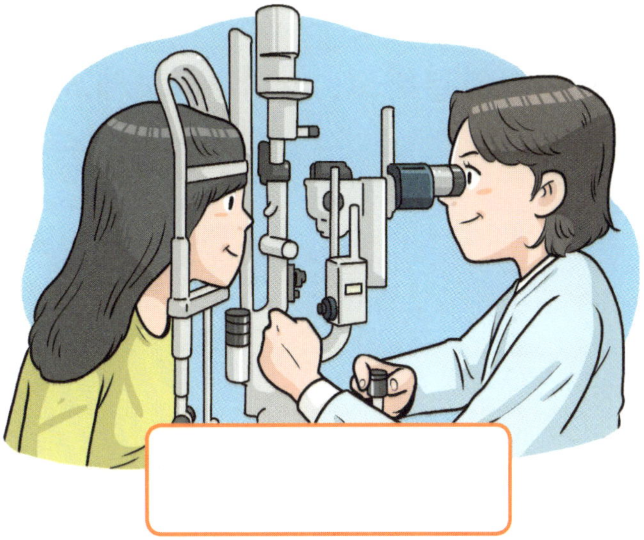

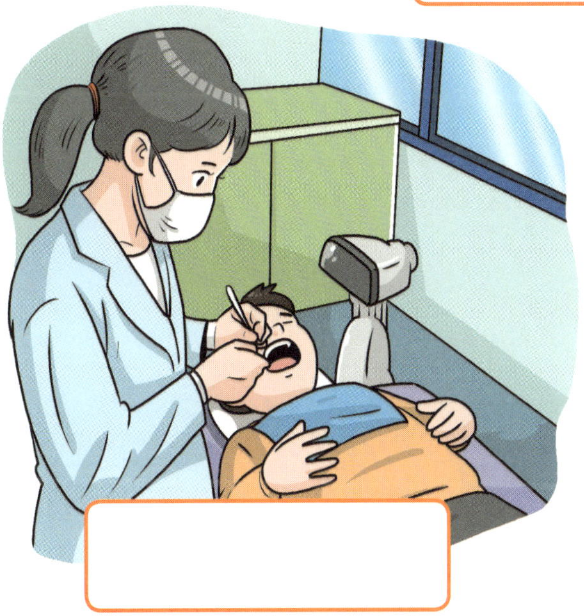

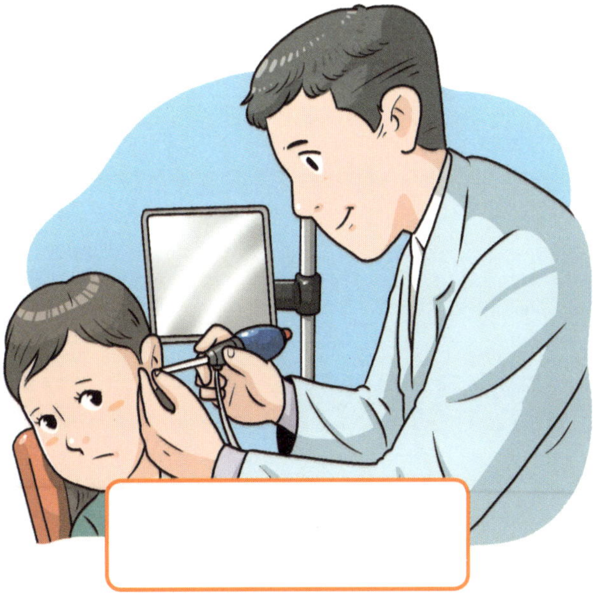

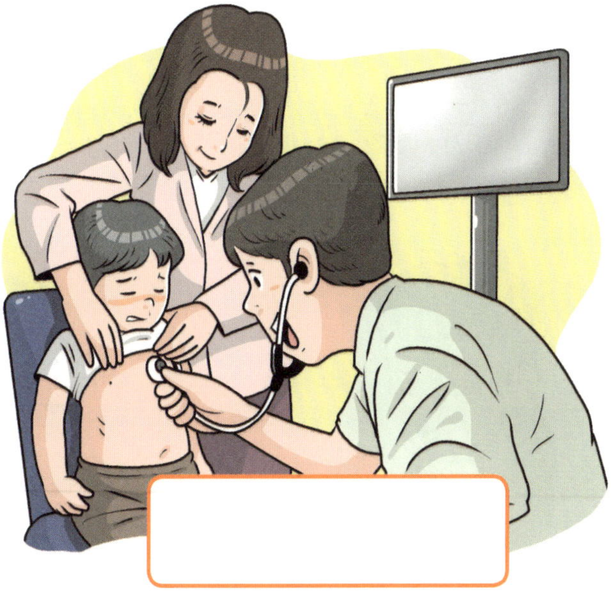

건강

병원

새로운 낱말 알기

🌼 어떤 병원에 가야 하는지 연결하고, 따라 써 보세요.

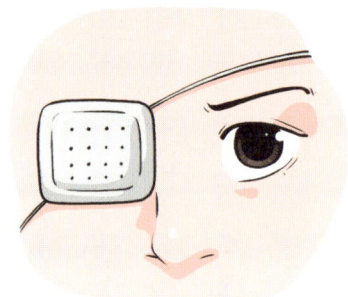 •   • 안 과

 •   • 치 과

 •   • 정 형 외 과

 •   • 이 비 인 후 과

건강

병원

표현 알기

🌼 빈칸에 알맞은 낱말을 보기에서 찾아 써 보세요.

보기

삐다   베이다   쑤시다   따갑다

   발목을 ⬜⬜

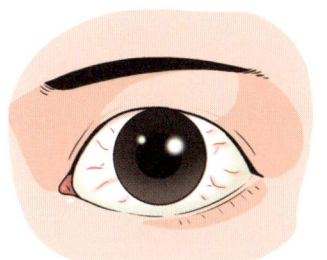   눈이 ⬜⬜⬜

   손을 ⬜⬜⬜

   배가 콕콕 ⬜⬜⬜

병원

건강

한자의 뜻 알기

🌸 빈칸에 알맞은 낱말을 써 보세요.

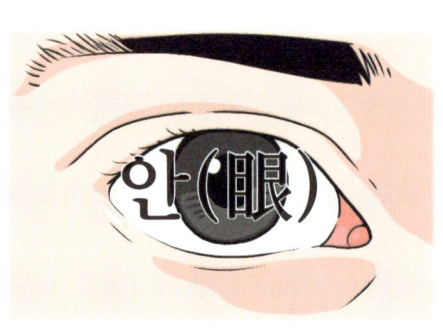

눈을 뜻하는 글자예요.

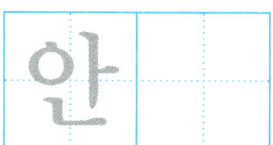

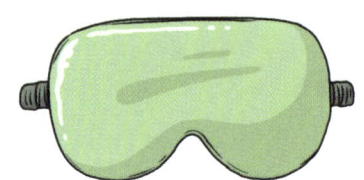
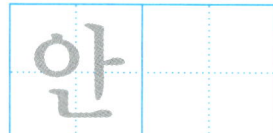

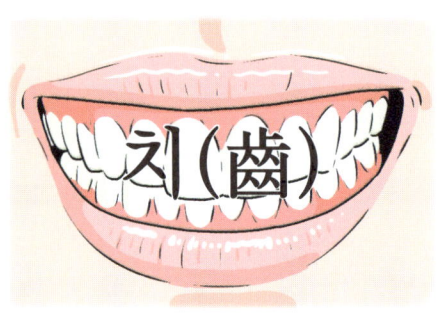

이를 뜻하는 글자예요.

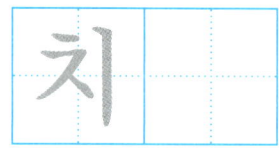

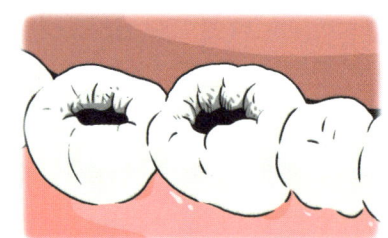
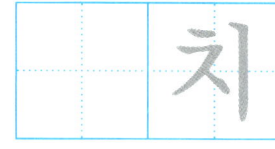

📖 그 밖에도 이비인후과에서 이(耳)는 귀를 뜻하는 글자이고, 비(鼻)는 코를 뜻하는 글자예요. 인후(咽喉)는 목구멍을 뜻해요.

건강

병원

한 낱말, 여러 가지 뜻 알기

💡 두 쪽에 함께 들어갈 낱말을 쓰세요.

보기 어지럽다   썩다   울렁거리다

머리가 _____   방이 _____

속이 _____   파도가 _____

이가 _____   나무가 _____

건강

병원

재미가 솔솔

🔺 빈칸에 알맞은 낱말을 써 보세요.

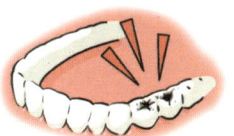

가로 열쇠

- ㄱ 이가 아플 때 가는 병원
- ㄴ 눈이 아플 때 가는 병원
- ㄷ 코나 목이 아플 때 가는 병원

세로 열쇠

- 가 썩은 이
- 나 눈이 잘 안 보이는 사람이 쓰는 것
- 다 유리 조각에 손을 ○○○.

건강 정리하기

1 배운 내용을 떠올리며, 올바른 문장에 ○표를 하세요.

① 유리 조각에 손이 베였어요.   (   )

② 상을 받고 무릎을 으쓱했어요.   (   )

③ 사탕을 많이 먹어서 이가 썩었어요.   (   )

④ 콧물이 많이 날 때는 정형외과에 가요.   (   )

⑤ 음식은 눈으로 먹고 입으로 보며 즐겨요.   (   )

2 배운 내용을 떠올리며, 어울리는 것끼리 연결해 보세요.

① 코로   •   •   콕콕 쑤셔요.

② 손을   •   •   냄새를 맡아요.

③ 배가   •   •   내밀어 도와줘요.

④ 눈이   •   •   따가워 안과에 가요.

3 ( ) 안에 공통으로 들어갈 낱말을 연결해 보세요.

① 바다에 파도가 (　　　).
　 배를 탔더니 속이 (　　　). · · 등

② 강을 건널 때는 (　　　)로 건너요.
　 축구를 하다가 (　　　)를 다쳤어요. · · 다리

③ 할머니의 (　　　)을 두드려 드렸어요.
　 저녁이 되자 거리의 (　　　)이 켜졌어요. · · 울렁거리다

4 모도리가 진료받고 있는 병원을 써 보세요.

달리기를 하다가 발목을 삐었어요. 아침에 일어나 보니 발목이 많이 부었어요.

발목 뼈가 괜찮은지 엑스레이를 찍어 보자.

 건강  재미있는 우리말

🌱 만화를 읽고, 물음에 답해 보세요.

① 동물 '말'에 ○표를 해 보세요.

② 어두운 '밤'에 ○표를 해 보세요.

🌼 그림을 보고, 빈칸에 함께 들어갈 낱말을 써 보세요.

모자를 ☐.

쓰다

약이 ☐.   일기를 ☐.

📖 '말, 밤, 쓰다'처럼 똑같은 모습이지만 뜻이 다른 낱말이 있어요. 그런 낱말을 동형어라고 해요.

건강

🌳 두 쪽에 함께 들어갈 낱말을 빈칸에 써 보세요.

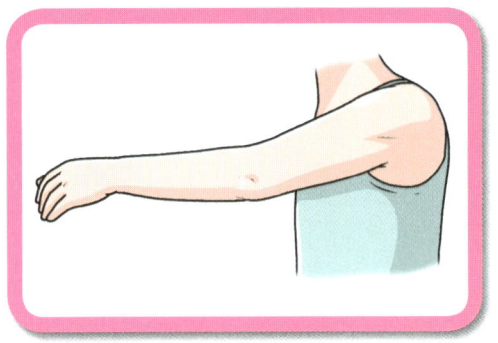 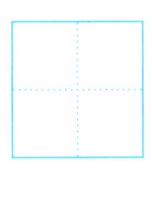 

 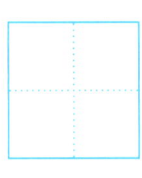 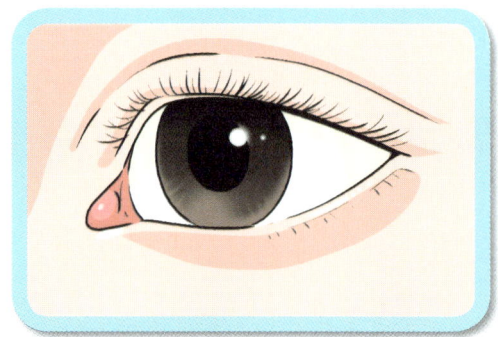

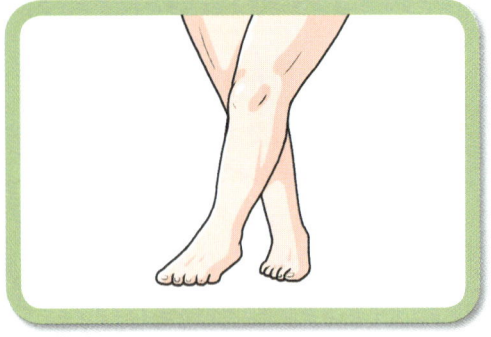 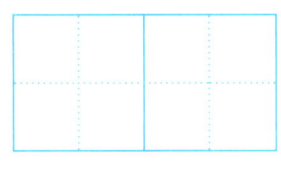 

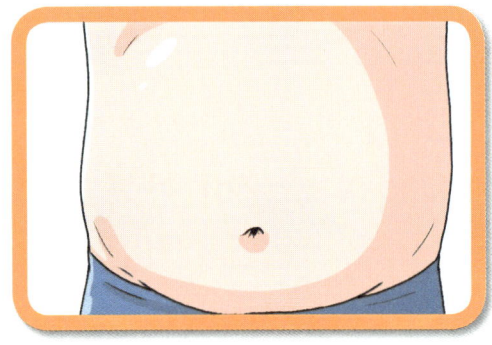 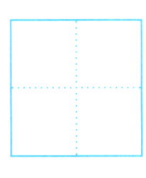 

🔺 빈칸에 함께 들어갈 낱말을 보기에서 찾아 써 보세요.

보기
가다   오다   타다   하다

말을 ☐.

종이가 불에 ☐.

우유에 코코아를 ☐.

여러 가지 모양, 색, 맛

모양, 색, 맛과 관련된 말들을 공부해 봅시다.

여러 가지 모양, 색, 맛

모양

🌱 **만화를 읽고, 물음에 답해 보세요.**

> 어떤 케이크를 만들까?

> 케이크는 동그란 모양이지!

> 요즘은 네모 모양 케이크도 많다고!

> 난 이거!

① 새로미는 어떤 모양 케이크를 만들자고 했나요?

② 또바기는 어떤 모양 케이크를 만들려고 하나요?

🌱 그림에 맞는 붙임딱지를 붙여 보세요. 붙임딱지 ② 활용

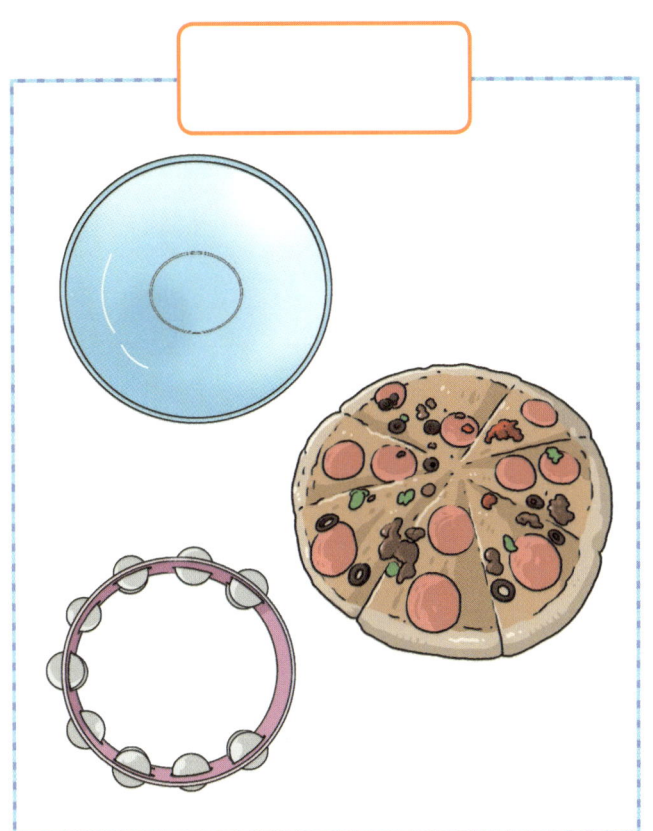

모양

낱말 만들기

🌼 모양에 맞는 낱말이 되도록 글자를 찾아 색칠해 보세요.

여러 가지 모양, 색, 맛

모양

모양을 나타내는 낱말 알기

🌷 그림과 어울리는 낱말을 연결하고, 따라 써 보세요.

 • • 반듯하다

 • • 동그랗다

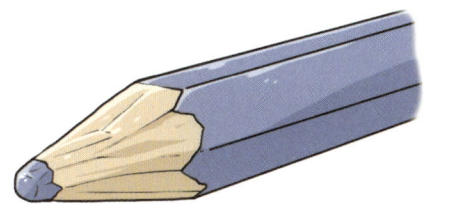 • • 뾰족하다

 • • 뭉툭하다

모양

표현 알기

🌳 빈칸에 알맞은 모양을 그리고, 따라 써 보세요.

길쭉한 모양

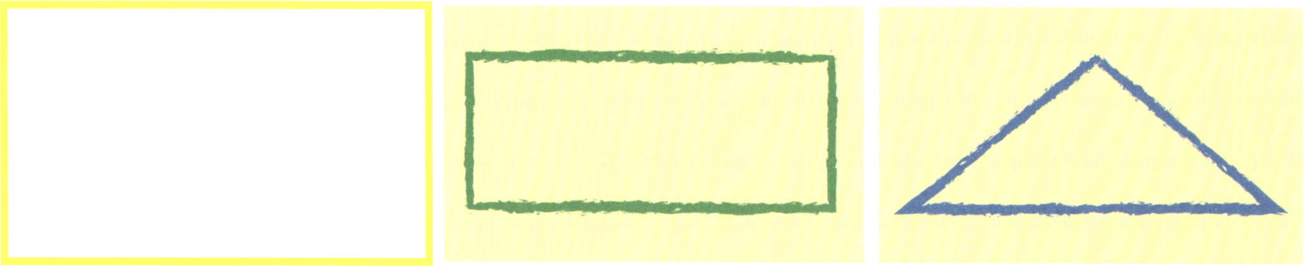

넓적한 모양

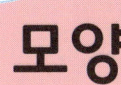

모양

모양을 흉내 내는 낱말 알기

🌼 빈칸에 알맞은 표현을 보기에서 찾아 써 보세요.

보기

동글동글   뾰족뾰족   울퉁불퉁   길쭉길쭉

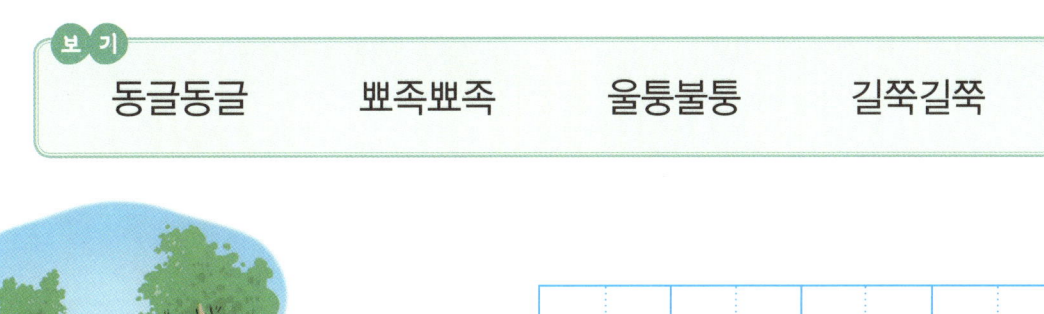 나무가 ☐☐☐☐

 꿀떡이 ☐☐☐☐

 가시가 ☐☐☐☐

 길이 ☐☐☐☐

47

모양 재미가 솔솔

노래를 듣고, 빈칸에 들어갈 낱말을 써 보세요.

잉잉잉

고추밭에 고추는 [　　] 한 고추

빨간 고추 초록 고추 모두 [　　] 해

[　　] 사과가 놀러 왔다가

아야 아야 따가워서

잉잉잉

오이밭에 오이는 날씬한 오이

이리 봐도 저리 봐도 날씬한데

[　　] 호박이 놀러 왔다가

나는 언제 예뻐지나

잉잉잉

여러 가지 모양, 색, 맛

색깔

🌱 **만화를 읽고, 물음에 답해 보세요.**

> 난 하얀 생크림 케이크를 만들어야지.

> 나는 딸기 케이크를 만들거야.

> 그 초록색 케이크는 뭐야?

> 내가 좋아하는 시금치 케이크!

① 새로미의 케이크는 무슨 색인가요?

② 또바기의 케이크는 무슨 색인가요?

🌱 그림에 맞는 붙임딱지를 붙여 보세요. 　붙임딱지 ❷ 활용

여러 가지 모양, 색, 맛

색깔

새로운 낱말 만들기

🌷 색의 진하기에 따라 이름을 써 보세요.

연노랑

진노랑

☐분홍

☐분홍

여러 가지 모양, 색, 맛

색깔

뜻이 비슷한 낱말

🌼 뜻이 비슷한 낱말끼리 연결하고, 따라 써 보세요.

노란색

•   • 우윳빛

하얀색

•   • 하늘빛

빨간색

•   • 황금빛

파란색

•   • 장밋빛

53

색깔

한자의 뜻 알기

🌼 빈칸에 알맞은 낱말을 써 보세요.

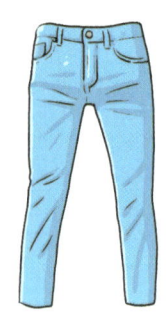

청

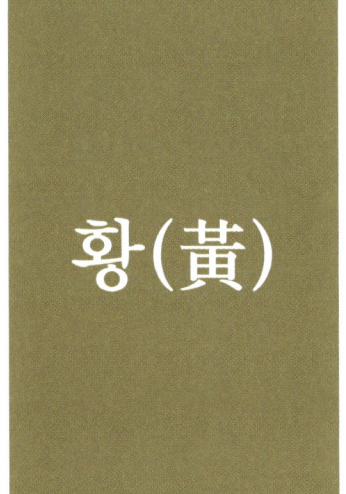

황

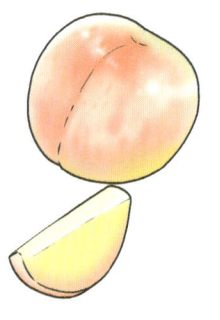

황

흑백

색깔

표현 알기

🌼 빈칸에 알맞은 표현을 보기 에서 찾아 써 보세요.

> 보기
> 노릇노릇   파릇파릇   불긋불긋   거뭇거뭇

산이

수염이

전이

새싹이

색깔 재미가 솔솔

🔺 글을 읽고, 색깔 표현의 뜻을 말해 보세요.

　보통 흰색은 깨끗한, 착한, 좋은 느낌을 나타낸다면, 검정색은 음흉한, 나쁜 느낌을 표현할 때 사용해요. 그래서 '속이 시커멓다'는 성격이 음흉하고 어떤 나쁜 일을 꾸미고 있는지 겉으로 알 수 없을 때 쓰는 말이에요.

여러 가지 모양, 색, 맛

맛

🌱 만화를 읽고, 물음에 답해 보세요.

음, 달아!

으, 케이크가 짜!

케이크가 짜다고?

① 케이크는 원래 어떤 맛인가요?

② 새로미의 케이크는 왜 짠맛이 났을까요?

🌱 그림에 맞는 붙임딱지를 붙여 보세요. 붙임딱지 ❷ 활용

여러 가지 모양, 색, 맛

맛

뜻이 반대인 낱말 알기

그림을 보고, 빈칸에 알맞은 말을 보기에서 찾아 써 보세요.

보기

| 짜다 | 쓰다 | 달다 | 싱겁다 |

사탕이
_____ .

감기약이
_____ .

국이
_____ .

국이
_____ .

맛

뜻이 비슷한 낱말 알기

🌼 그림과 어울리는 낱말을 연결하고, 따라 써 보세요.

•   • 짭잘하다

•   • 새콤하다

•   • 씁쓸하다

•   • 달콤하다

맛

표현 알기

🌼 맛을 나타내는 여러 가지 낱말을 따라 써 보세요.

감이

떫다

참기름이

고소하다

생선이

비리다

찌개가

얼큰하다

맛

같은 모습, 다른 뜻 알기

🌼 두 쪽에 함께 들어갈 낱말을 쓰세요.

사탕이 ☐☐.

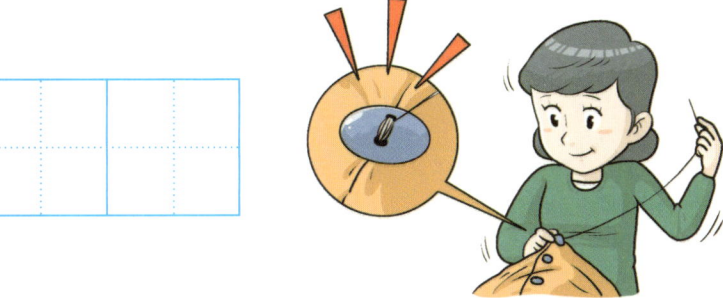

단추를 ☐☐.

약이 ☐☐.

모자를 ☐☐.

소금이 ☐☐.

치약을 ☐☐.

여러 가지 모양, 색, 맛

맛 확인 하기

🌳 사다리를 타고 내려가 알맞은 붙임딱지를 붙여 보세요. 　붙임딱지 2 활용

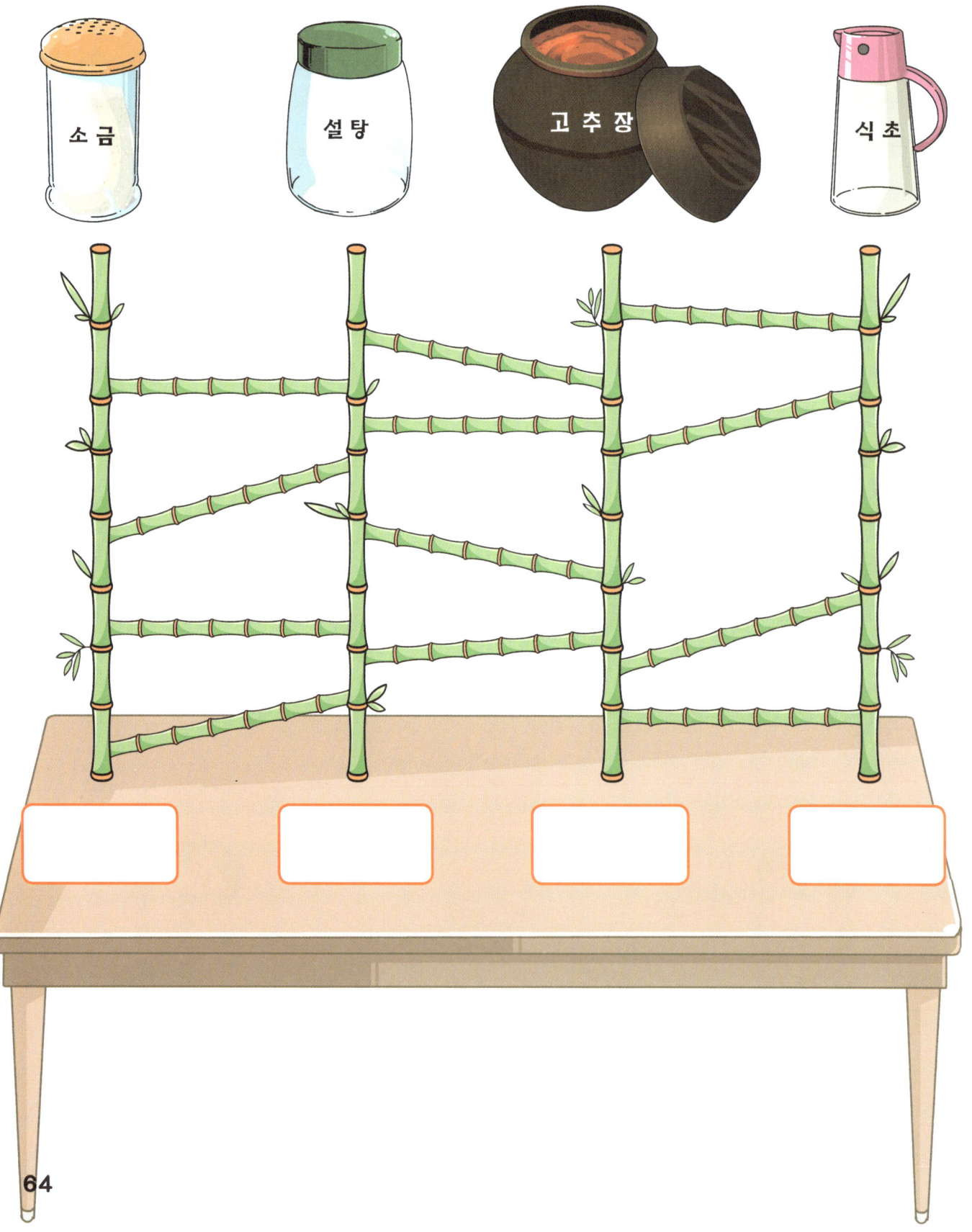

64

맛 재미가 솔솔

🔺 빈칸을 채워 속담을 만들어 보세요.

작은 고추가 [　　　　]

> 비록 몸집은 작아도 일은 야무지게 더 잘한다는 뜻이에요.

[　　] 삼키고 [　　] 뱉는다

> 자기한테 도움이 될 때는 친한 척하고, 그렇지 않을 때는 모른 척한다는 뜻이에요.

여러 가지 모양, 색, 맛

정리하기

1 배운 내용을 떠올리며, 올바른 문장에 ○표를 하세요.

① 감이 덜 익어서 얼큰해요. ( )

② 감자전을 노릇노릇 구워요. ( )

③ 아가 얼굴은 우윳빛이에요. ( )

④ 산은 동그랗고 햇님은 뾰족해요. ( )

⑤ 소금을 너무 많이 넣어서 싱거워요. ( )

2 뜻이 비슷한 낱말끼리 짝지은 것을 모두 고르세요. (,)

① 짜다 — 싱겁다

② 맵다 — 매콤하다

③ 달다 — 씁쓸하다

④ 노랗다 — 황금빛

⑤ 파랗다 — 우윳빛

3 다음 낱말 가운데 어울리지 <u>않는</u> 것을 고르고, 그 까닭을 써 보세요.

> 동그랗다   네모나다   달콤하다   뾰족하다

(, 까닭:)

4 배운 내용을 떠올리며, 어울리는 것끼리 연결해 보세요.

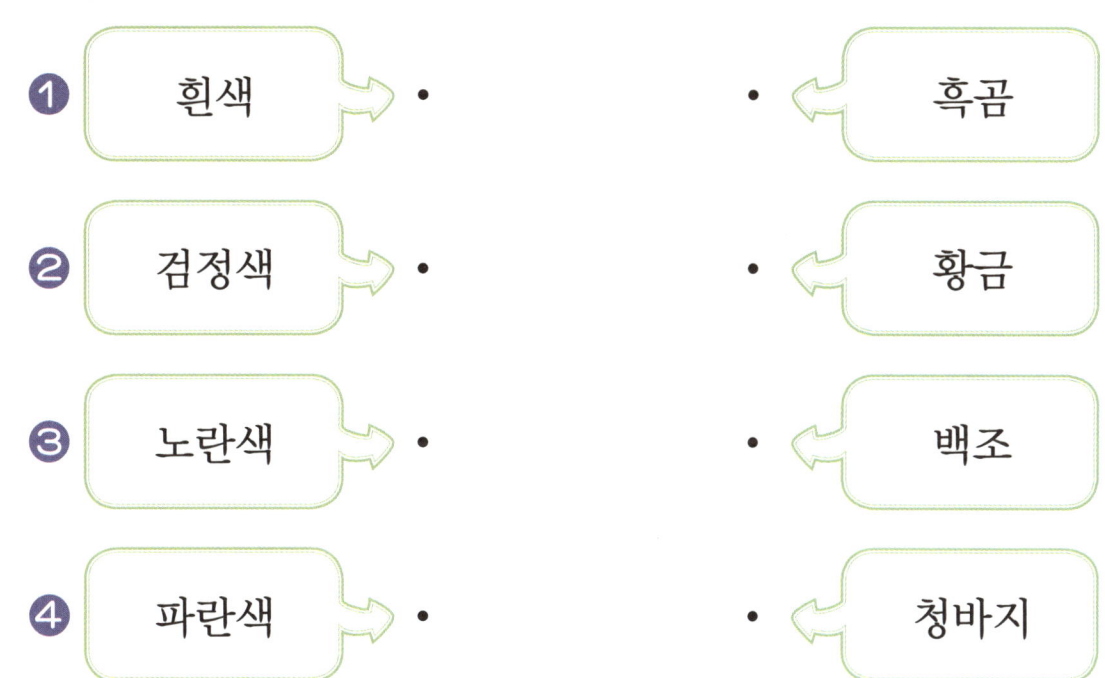

❶ 흰색 · · 흑곰

❷ 검정색 · · 황금

❸ 노란색 · · 백조

❹ 파란색 · · 청바지

5 내가 좋아하는 음식을 쓰고, 음식의 맛을 설명해 보세요.

좋아하는 음식	음식의 맛

67

여러 가지 모양, 색, 맛

재미있는 우리말

🌱 만화를 읽고, 뜻이 비슷한 낱말에 ○표를 해 보세요.

🌼 뜻이 비슷한 낱말을 찾아 같은 색으로 ○표를 해 보세요.

○○월 ○○일

또바기와 함께 놀아서 더 재미있는 하루였다.

○○월 ○○일

모도리와 같이 놀아서 더 신나는 하루였다.

'함께-같이', '신나는-재미있는'처럼 뜻이 비슷한 낱말들이 있어요. 그런 낱말을 유의어라고 해요.

여러 가지 모양, 색, 맛

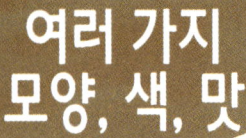

🌳 뜻이 비슷한 낱말을 찾아 짝지어 보세요.

- 차례
- 날쌔다
- 정하다
- 선택하다
- 순서
- 빠르다
- 까닭
- 옮기다
- 이유
- 이동하다

🔺 보기의 낱말을 사용하여 뜻이 비슷하도록 문장을 만들어 보세요.

| 보기 |
| 까닭   정해   바탕   차례 |

1 무엇이 좋을지 선택해 봐.
➡ 무엇이 좋을지 (   ) 봐.

2 급식실에 갈 때는 순서를 지켜요.
➡ 급식실에 갈 때는 (   )를 지켜요.

3 그림을 다 그렸으면 배경색도 칠해 보렴.
➡ 그림을 다 그렸으면 (   )색도 칠해 보렴.

4 네가 그렇게 화난 이유가 무엇인지 말해 보렴.
➡ 네가 그렇게 화난 (   )이 무엇인지 말해 보렴.

또바기와 모도리의

야무진 어휘

정답 길잡이

건강

11쪽

12쪽 입술 / 눈썹
정수리 / 머리카락

13쪽 잇몸=이+몸
귓바퀴=귀+바퀴
속눈썹=속+눈썹
목구멍=목+구멍

14쪽 눈
이
턱

15쪽 눈으로 사진을 보다
입으로 음식을 먹다
귀로 음악을 듣다
코로 냄새를 맡다

17쪽 눈 가리고 아웅
이 없으면 잇몸으로 산다

19쪽

20쪽 무릎 / 가슴
팔꿈치 / 종아리

21쪽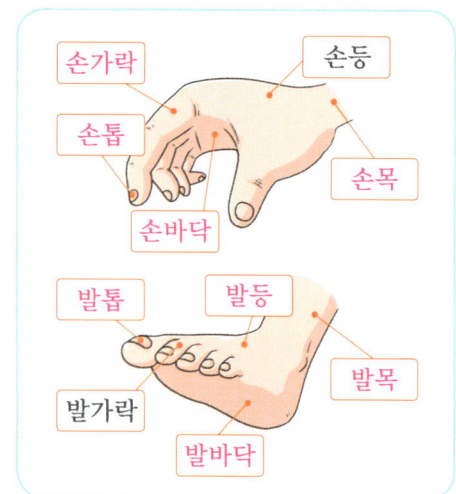

22쪽 팔
등
다리

74

| 23쪽 | 무릎을 꿇다
손을 내밀다
어깨를 으쓱하다
등을 지다 | 29쪽 | 발목을 삐다
눈이 따갑다
손을 베이다
배가 콕콕 쑤시다 |

| 24쪽 | 발목 / 허리
손가락 / 엉덩이 | 30쪽 | 안경
안대
치약
충치 |

27쪽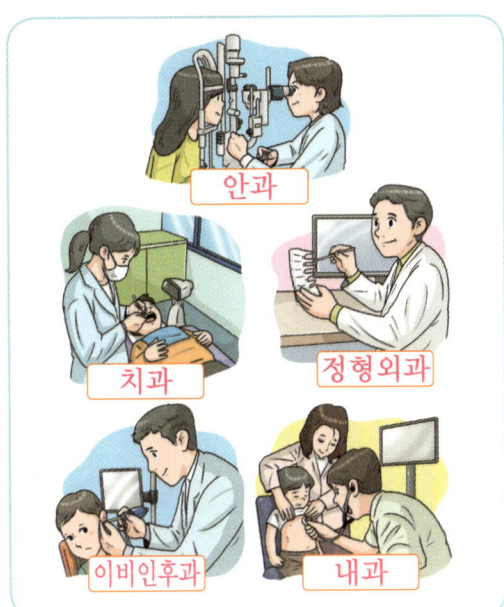

| 31쪽 | 어지럽다
울렁거리다
썩다 |

| 32쪽 | 선생님, 저는 눈이 너무 <u>따가워요</u>.
선생님, 저는 축구를 하다가 발목을 <u>삐었어요</u>.
선생님, 저는 색종이를 자르다가 손이 <u>베였어요</u>. |

33쪽

28쪽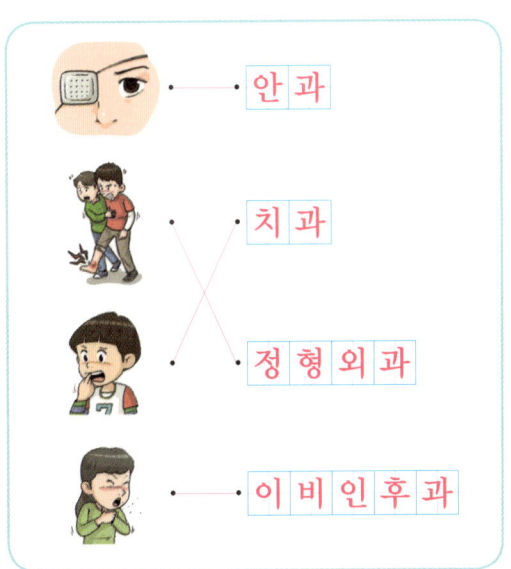

34~35쪽 1 ❶ 유리 조각에 손이 베였어요. (○)
❸ 사탕을 많이 먹어서 이가 썩었어요. (○)

75

2 ❶-냄새를 맡아요.

　❷-내밀어 도와줘요.

　❸-콕콕 쑤셔요.

　❹-따가워 안과에 가요.

3 ❶-울렁거리다

　❷-다리

　❸-등

4 정형외과

37쪽 쓰다

38쪽 팔
눈
다리
배

39쪽 타다

여러 가지 모양, 색, 맛

43쪽

44쪽

45쪽

46쪽

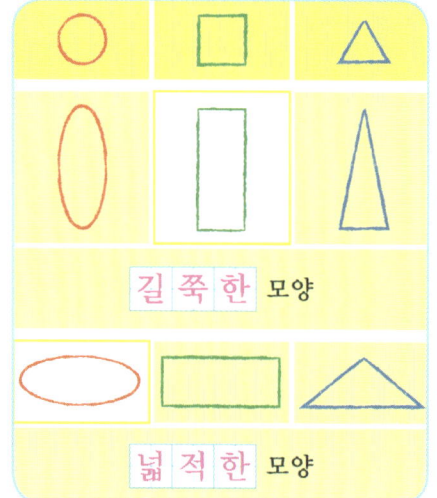

47쪽

나무가 길쭉길쭉

꿀떡이 동글동글

가시가 뾰족뾰족

길이 울퉁불퉁

48쪽

49쪽

고추밭에 고추는 예) 뾰족한 고추

빨간 고추 초록 고추 모두 예) 뾰족해

예) 댕글댕글 사과가 놀러 왔다가

아야 아야 따가워서

잉잉잉

오이밭에 오이는 날씬한 오이

이리 봐도 저리 봐도 날씬한데

예) 둥글둥글 호박이 놀러 왔다가

나는 언제 예뻐지나

잉잉잉

51쪽

52쪽

연노랑 / 진노랑

연분홍 / 진분홍

연보라 / 진보라

53쪽

54쪽

청바지

황금

황도

흑백사진

77

55쪽	산이 **불긋불긋** 수염이 **거뭇거뭇** 전이 **노릇노릇** 새싹이 **파릇파릇**	**60쪽**	사탕이 ___달다___. 감기약이 ___쓰다___. 국이 ___짜다___. 국이 ___싱겁다___.
56쪽		**61쪽**	
59쪽		**63쪽**	달다 쓰다 짜다
		64쪽	

78

65쪽

작은 고추가 **맵다**

달면 삼키고 **쓰면** 뱉는다

66~67쪽

1 ❷ 감자전을 노릇노릇 구워요.　　(○)
　❸ 아가 얼굴은 우윳빛이에요.　　(○)

2 ❷, ❹

3 예 달콤하다, 까닭: 예 '달콤하다'는 맛을 나타내는 표현이고, '동그랗다, 네모나다, 뾰족하다'는 모양을 나타내는 표현입니다.

4 ❶-백조
　❷-흑곰
　❸-황금
　❹-청바지

5 예 떡볶이, 매콤달콤합니다.

68쪽

69쪽

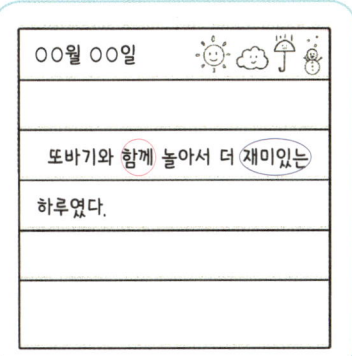

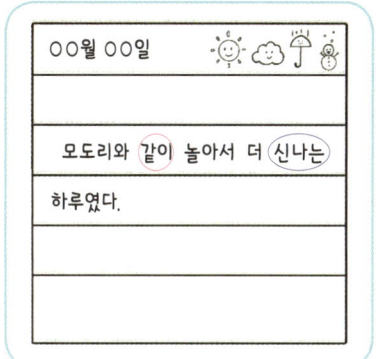

70쪽

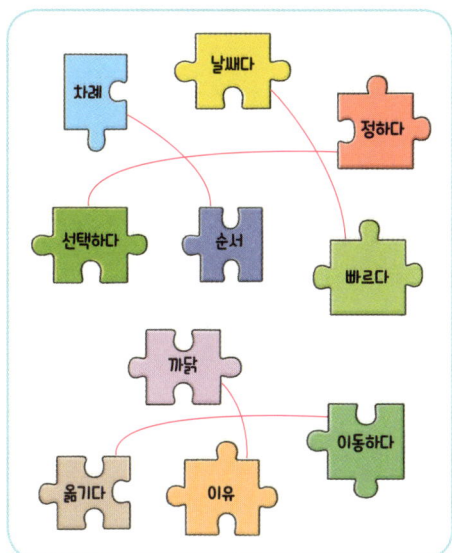

71쪽

1 무엇이 좋을지 (정해) 봐.

2 급식실에 갈 때는 (차례)를 지켜요.

3 그림을 다 그렸으면 (바탕)색도 칠해 보렴.

4 네가 그렇게 화난 (까닭)이 무엇인지 말해 보렴.

79

메모

11쪽

귀　　　코　　　입

턱　　　목　　　눈

이마　　눈썹　　정수리

19쪽

배　　　손　　　발

어깨　　무릎　　가슴

허벅지　　종아리　　팔꿈치

27쪽

안과　　　치과　　　내과

정형외과　　이비인후과

붙임딱지 2

43쪽

별　　　네모

세모　　동그라미

51쪽

검정　　　노랑　　　보라

빨강　　　주황　　　초록

파랑　　　하양

59쪽

달다　　　시다　　　쓰다

맵다　　　짜다

64쪽　짜다　　달다　　시다　　맵다